Gerhard Gräbig · Mit Humor gewürzt

AF282450

Der Autor Gerhard Gräbig wurde 1934 in Sielow bei Cottbus geboren, wo er auch aufwuchs. Ein echter Lausitzer also und ein wenig »Preußianer«. Sein angeborener Humor ist ihm auch durch die schweren Kriegs- und Nachkriegsjahre zum Glück nicht verloren gegangen. Seit seiner frühesten Jugend imponierten ihm die lustigen Vorträge bei Familienfeiern und Festlichkeiten. Später auch die landesweit bekannten Humoristen. Aber das alles genügte ihm nicht. So begann er selbst die Leute witzig und humorvoll zu unterhalten. Schuf Reime für bestimmte Anlässe und nutzte jede Gelegenheit um Frohsinn, Spaß sowie Geselligkeit zu verbreiten. Eine besondere Gabe ist ihm eigen, nämlich den Menschen auf den Mund zu schauen und Geschichten, die das Leben schreibt, in erzählter Form oder gereimt, möglichst in der »Alltagssprache« wiederzugeben. Dass man damit auch Erfolg und Lob verbuchen darf, beweist der Autor mit seinem ersten Buch »Wendische Fastnacht«, auf dessen Seiten sich ebenfalls diese Ausdrucksweise wiederfindet. Er ist also ein Autor, der es versteht, seine Leser durch zum Teil humorige Texte die Sorgen des Alltags vergessen zu lassen, um sich für ein paar Stündchen einer »Quelle« der Heiterkeit und des Schmunzelns hinzugeben.

Gerhard Gräbig

Mit Humor gewürzt

Gedichte und anderes aus Brandenburg

Sämtliche Namen in den Gedichten sind frei erfunden,
Ähnlichkeiten sind rein zufällig.

© 2004 Text und Zeichnungen Gerhard Gräbig
Satz und Layout: Buch&media GmbH, München
Umschlaggestaltung: Kay Fretwurst, Spreeau unter Verwendung
einer Zeichnung von Gerhard Gräbig
Herstellung und Verlag: Books on Demand GmbH, Norderstedt
Printed in Germany
ISBN 3-8334-0536-8

Vorwort

Lieber Gerhard!

Ich hatte mir deine volkstümlichen Reime mit in den Allgäuer Urlaub mitgenommen, um sie mir portionsweise an den Abenden zu Gemüte zu ziehen. Die Lektüre hätte ich aber anders planen sollen, denn sie hat mir Ärger mit meiner Frau eingebracht. Ich las und las einen ganzen Vormittag und legte das Manuskript erst beiseite, als sie mir die vorwurfsvolle Frage stellte, ob wir denn in die Alpen gefahren seien, um hier Sielower Dorf-Gedichte zu lesen. Der Ärger war aber nicht von langer Dauer, weil ich ihr sagen konnte, dass es sich um eine kurzweilige Lektüre handelt, die keinen Urlaub vermiesen kann. Das liegt daran, dass deine »gereimten« Geschichten ohne Kunst und Schnörkel erzählt werden, als würden sie an einem Geburtstags- oder Kirmestisch dargeboten, von einem Schelm, dem aus dem Stegreif Reime gelingen. Manche sind gewagt, dass sie schon wieder als gelungen erscheinen. Ich bin überzeugt, dass deine Verse – wenn du sie aus dem fertigen Buch in gemütlichen Runden vortragen wirst – viel Freude bereiten werden, zum Beispiel, wenn deine Zuhörer die Weisheit mitgeteilt bekommen, dass man »mit einem breiten Hintern ... gut überwintern« kann.

Jurij Koch
Schriftsteller und Publizist

ERLESENES

Es wurde alles gesagt,
vieles niedergeschrieben,
Umstrittenes noch vertagt,
Wichtiges ist geblieben.

Schönes hat man genommen,
Hässliches verpönt,
Geistiges oft ersonnen,
Kulturelles verschönt.

Erdachtes aufgezeichnet,
Gesehenes bunt bemalt,
Millionen Artikel bezeichnet,
Erbautes mit Licht bestrahlt.

Traditionen galt die Pflege,
alles hatte irgendwie Sinn,
nur stellt sich heut die Frage
nach dem kommerziellen Gewinn.

HINWEIS!

Meine Angebote
sind für »Grüne«
und auch »Rote«,
selbst für »Gelbe«
und auch »Graue«,
nachts dann auch
für manche »Blaue«.

SPRUCH DES TAGES

Zwischen Blumen, zwischen Palmen
darf man heut Zigarren qualmen.
Zwischen Männern, zwischen Frau'n
darf man Speis und Trank verdau'n.
Zwischen Stühlen, zwischen Tischen
darf man nicht im »Trüben« fischen.
Zwischen Sprüchen, zwischen Witzen
darf man viele Stunden sitzen.
Zwischen Kerzen, zwischen Gaben
darf man seine Freude haben,
an der schönen Feier hier,
Jubilar, wir danken dir.

DER RÜSTIGE OPA

Opa hat nur selten Zeit,
ist immerzu auf Achse,
meistens mit dem Omnibus,
manchmal auch mit Taxe.

Am liebsten aber mit dem Rad,
das auch bei Wind und Wetter,
er in die Pedalen tritt,
wie ein Pedalenritter.

Langeweile kennt er nicht,
Faulheit nicht sein Wesen,
schreibt er mal geht es fix,
oft ist er am Lesen.

Sport ist seine Leidenschaft,
wenn nicht gar 'ne Tugend,
Leistungen hat er geschafft
und dies seit seiner Jugend.

Er hofft, dass es so weitergeht,
vielleicht noch ein paar Jahre,
dass er seinen Mann hier steht,
bis ausgefall'n die Haare.

DER ANTENNE-FRÜHSCHOPPEN

Sonntagmorgen früh um neune,
ist der Saal gerammelt voll,
die Antenne ist im Dorfe,
alle finden's einfach toll.

Rundfunktechnik, Mikrophone,
alles steht schon griffbereit
und die beiden Moderatoren
feilschen, pokern um die Zeit.

Eine Dixieland-Kapelle
macht wie immer die Musik,
flotte Rhythmen, dann Gespräche,
Übergänge mit Geschick.

Über Fußball, über Fastnacht,
Themen gehen hier nicht aus,
wird gesprochen und berichtet,
Unterbrechung durch Applaus.

Zwischenzeitlich Tina Turner,
wird sehr lautstark eingespielt,
ein Reporter ständig drängelt,
auf die Uhr der Zweite »schielt«.

Jeder trinkt noch zack, ein Bier,
von der Stiftungs-Brauerei
und dann ist die eine Stunde
des »Frühen-Schoppen« um, vorbei.

DIE ROTE GRÜTZE

Willem mit der Schildchen-Mütze
und dem dunkelblauen Schal,
aß so gerne rote Grütze,
in der Woch' bestimmt dreimal.

Pellkartoffeln, Leinöl, Quark,
was ein Spreewald-Leibgericht,
Willem wollt' von dem nichts wissen,
er war auf Grütze nur erpicht.

Einmal hatte er 'ne Phase,
schlief beim Mittagessen ein,
in der Grütze tunkt die Nase,
die Stirne rot umrandet fein.

Nach etwa einer Viertelstunde
erschien die Frau mit einem Topf,
sie sah die Nase in der Grütze
und schüttelt fassungslos den Kopf.

Man soll nie was übertreiben,
selbst beim Trinken oder Essen,
Willem und die rote Grütze,
sie wird den Anblick nicht vergessen.

DREI KNÖPFE VOM SCHLITZ

Menschen in der Straßenbahn,
standen dicht gedrängt,
darunter auch ein junger Mann,
der lausig eingezwängt.

Neben ihm ein Mädel,
kann sein 'ne junge Frau,
sie zupft an seiner Hose,
er spürte es genau.

Da platzte ihm der Kragen,
schob' die Frau beiseit',
jetzt muß ich euch was sagen,
die hier all' eingekeilt:

»Ich lass mich nicht befummeln,
von dieser jungen Frau,
zwei Knöpfe sind schon offen,
der Dritte, der bleibt zu!«

Der Frau war's etwas peinlich,
entschuldigt sich am Ort,
als anhielt dann die Straßenbahn,
da war sie auch schon fort.

PUTZFIMMEL

Geputzt wird heut den ganzen Tag,
weil seine Frau dies gerne mag.
Sie fühlt sich unwohl, ja fast krank,
sind Gläser, Scheiben nicht blitzblank.

Auch ihren Mann sie prompt bemüht,
der Putzbereites schon besprüht.
Sie wienert, scheuert intensiv,
bis fugenrein und porentief.

Vergisst auch nicht den Lampenschirm,
in Lappenwedeln ist sie firm.
Der Hausstaubmilbe sowie der Laus
löscht sie das Leben gründlich aus.

Erst wenn alles glänzt hernieden,
ist seine Frau mit sich zufrieden.
Dem Manne tränen beide Augen,
von den vielen Seifenlaugen.
Auf die Reinlichkeit er pfeife,
alles schmeckt nur noch nach Seife.

ERSTER MÄNNERTAG NACH DER WENDE

Nach vielen Jahren der Abstinenz,
in denen die Männer gebunden,
wollte jeder »Knilch und Stenz«
nur frei sein für paar Stunden.

Sie trugen Hosen kurz und lang,
tranken Bier und kein' Kakao,
Regen machte sie nicht bang,
bloß störte sie heut jede Frau.

Einmal unter Männern sein
und ab, hinaus ins Grüne,
nur zu, so in den Spreewald rein,
auf der Walz, wie 'ne Lawine.

Abends, wenn das Geld wurd' knapp,
es reichte gerade für Brause,
die Glieder wurden müd' und schlapp,
radelten heimwärts sie, nach Hause.

DER LEBENSKÜNSTLER

Liebe Leute, seid nicht dumm,
lauft nicht lang zur Arbeit »rum«,
geht zum Doktor Hilfelang,
der schreibt sofort drei Wochen krank.
Dann ruht euch aus, versüßt das Leben,
von wegen Arbeit – nichts bewegen.

»Harte Mischung« dann und wann,
ein Spielchen dazu, nur immer ran.
Ein Lebenskünstler hat es geschafft,
er hat immer »Lust«, dazu noch Kraft,
nicht malochen, das bringt nichts ein,
das Leben genießen, ja das ist fein!

Und wovon leben?
Na eben!
Vom Sozial …?
Egal!
Aber ungelogen –
niemals von Drogen!

Beim Skat

Willi ist ein feiner Mann,
nicht zu groß, doch mollig,
sein Humor kommt immer an,
weil er heiter, drollig.

Stets ist er gut aufgelegt,
mit seiner langen Nase,
gesundheitlich – na ja, es geht,
er hat 'ne schwache Blase.

Beim Skat, da fällt's besonders auf,
er muss da öfters laufen,
ist deshalb nicht so ganz gut drauf,
s' kommt nicht allein vom Saufen.

Das erste Spiel ist ausgereizt,
der Skat gerad' gedrückt,
da rennt der Willi angeheizt
zum Klo etwas gebückt.

Nach dem zweiten, dritten Spiel,
nach Bier und Zigarette,
gibt es Wasser unterm Kiel?
Es treibt ihn zur Toilette.

Willi meint so nebenbei:
Das Ostbier wär zu dünne,
das wäre auch der wahre Grund,
weil bräuchte er 'ne »Rinne«!

Das Bier läuft und der arme Mann,
die Zeit und auch die Stimmung,
Willi hält's nicht länger aus,
bleibt aber bei Besinnung.

WINTERSCHLUSSVERKAUF

Endlich Winterschlussverkauf,
das treibt die Frau vom Hocker,
Gedanken an den Billigkauf,
dann sitzt das Geld sehr locker.

Sie nimmt den nächsten Linienbus,
damit sie nichts versäume,
der vor dem Kaufhaus halten muss,
in diesem lagern Träume.

Doch leider findet die gute Frau,
nicht das gewünschte Muster,
sie sucht verzweifelt in dem Bau,
bis draußen wird es duster.

Verärgert übers Sortiment,
stürzt sie zur Haltestelle,
ergattert sich den Fensterplatz
im Bus so auf die Schnelle.

Oh, nach etwa zehn Minuten,
sagt sie: »Was ist denn das?«
Da wird's um ihren Hintern feucht,
um nicht zu sagen nass.

Sie hat aber keine Schuld
an diesem schlechten Witz,
die hatte wohl der »Kunde«,
der saß zuvor auf diesem Sitz.

Das Leben stellt die Frage hier:
Wie soll man überwintern?
Vielleicht mit einer Schnäppchenjagd
und einem gratis-nassen Hintern!

ER WEISS BESCHEID

Was macht zurzeit im Dorf die Runde?
Wem schlägt demnächst die letzte Stunde?
Wer hat den neuen Golf geklaut?
Wo wird das größte Haus gebaut?
Welcher Bürger war ein Spitzel?
Wie lange brutzelt man ein Schnitzel?
Kopf hoch, dabei nicht verzagen,
brauchst nur Pikoiz Paul zu fragen!

Wo feiert man die schönsten Feste?
Wer hat noch eine reine Weste?
Auf welchem Boden Mais gedeiht?
Ach, Pikoiz Paul, der weiß Bescheid!

Wer hat noch einen Leiterwagen?
Wer kann die Wahrheit nicht vertragen?
Welcher ist der beste Dung?
Was bringt ein müdes Herz in Schwung?
Wie soll man sich gesund ernähren?
Pikoiz Paul kann's dir erklären!

Wie geht man um mit allen Tieren?
Ist eines krank, soll nicht krepieren,
was ist und könnte sein der Grund?
Pikoiz Paul tut's allen kund!

Brauchst du Holz daheim zum Feuern,
wird dir Paul so gleich beteuern:
»In Puseuz Wald, dort liegt's bereit,
hol es dir, noch ist es Zeit!«

Hört ihr gerne Kriegsgeschichten?
Pikoiz Paul kann sie berichten,
weil er dazu oft verpflichtet,
wird frei Erfundenes angedichtet.

Welch Dorfes Frau ist viel alleine
und hat tolle schlanke Beine?
Wo kannst du heimlich »einen heben«?
Pikoiz Paul kann Auskunft geben!

Wie heißt der nächste Bürgermeister?
Warum die Diebe immer dreister?
Was ist Schaden, was ist Leid?
Pikoiz Paul, der weiß Bescheid!

Ob die Mühe wird belohnt?
Wer sich kümmert, wo er wohnt?
Dem gehe ich nicht auf den Leim,
seine Anschrift bleibt geheim!

Die Sickergrube

Auf dem Land die Badestube,
braucht notfalls eine Sickergrube,
für Fäkalien, dies muss sein,
besonders für das Eigenheim.

Natürlich ist es schon viel besser,
hast ein' Abfluss fürs Gewässer,
brauchst nicht schauen grauenvoll,
ob die Grube wieder voll.

Hast du Gäste, wird dir bange,
spülen diese viel zu lange,
baden stop, nehm' sie die Brause,
heißt: Wasser sparen in dem Hause!

Es geht hier so im Großen, Ganzen,
nicht allein um hohe Kosten,
es geht hier nicht allein um Mühe,
nein, wohin nur mit der »Brühe«?

Die Rasenoma Trude

Warmer Regen, darauf Sonne,
für das Gras, oh welche Wonne,
es wächst und sprießt so in die Höh',
Alarm bei Trude, der Rasenfee.

Sie schaut auf ihre grüne Wiese,
»viel zu hoch gewachsen diese«,
sagt Trude und mit leichtem Groll,
nimmt sie den Rasenmäher Troll.

Euch Halmen werd' ich's aber zeigen,
ich kann euch sowieso nicht leiden.
Trude schiebt den Troll umher,
einmal längs und einmal quer.

Dazwischen, »Hilfe«, lautes Krachen,
was Äste, Wurzeln, Steinchen machen.
Der arme Troll, die Messer leiden,
ein Chaos hier beim Grasabschneiden.

Bei Trude zählt das alles nischt,
sie hastig sich den Schweiß abwischt
und weiter geht's mit so viel Schwung,
mit sechzig ist man doch noch jung.

Und wird ein Hälmchen mal vergessen,
mäht ab es Trude wie besessen,
erst wenn der letzte Halm »gekillt«,
ist Trudes Rasenfrust gestillt.

»Geschafft«, sagt Trude und ist froh,
die Wiese, das ist nun mal so,
muss immer kurz geschnitten sein,
nur dieses zählt, nur dies allein.

Im Jahr darauf grinst Nachbar Koch,
jetzt steht das Gras ein' Meter hoch,
denn Rasenoma Trude
verzog nach Buxtehude.

GARTENGESPRÄCH
EINES EHEMALIGEN »RUCKSACK-BAUERN« MIT DESSEM SOHN

Sohn: »Vati, habt ihr früher auch Hafer
angebaut?«

Vater: »Selbstverständlich haben wir neben
Roggen und Kartoffeln auch Hafer
angebaut!«

Sohn: »Wofür Hafer? Ihr hattet doch kein
Pferd im Stall!«

Vater: »Doch, ich war das Pferd, musste beim
Behäufeln der jungen Kartoffelstauden
den Pflug ziehen!«

Sohn: »Dann hast du also den Hafer bekommen?«

Vater: »Junge, merke dir, das Pferd, was den
Hafer verdient, bekommt diesen nicht!«

Sohn: »Wer hat dann den Hafer gefressen?«

Vater: »Den Hafer haben wir nach dem Abdreschen
jedes Korn einzeln mit dem Hammer
breit geklopft und so eben zu
Haferflocken gemacht!«

Sohn: »Und das soll ich glauben?«

Friedrich der Zimmermann

Ob im Juni oder vielleicht schon im Mai,
eine Harke braucht man für Gras und Heu.
Hölzerne Harken, die nicht schwer,
Friedrich, der stellte sie fachmännisch her.
Handlich waren sie alle und glatt der Stiel,
das Holz von Qualität, erstaunlich das Profil.

Im Dorf ist es bekannt und wie man hört,
ein jeder heut noch auf seine Harken schwört.
So mancher Schnitter stand am Wiesensaum,
mit einem zerbrochenen Sensenbaum.
Er hatte Einsehen und war immer bereit,
bot Hilfe an, nahm sich die Zeit
für einen Sensenbaum, der dringend gebraucht,
für einen Gartenbesitzer, der akut geschlaucht.

Und war die Zeit knapp, selbst für den Schwager,
dann holt er einen Stiel aus dem »Reservelager«.
Er war nicht nur mit Harken und Stielen vertraut,
sondern hat auch komplizierte Holztreppen gebaut.
Treppen zum Boden oder hinunter zum Keller,
top waren diese wie ein geputzter Propeller.

Schuf Backgeräte her, bis zum Kuchenschieber,
restaurierte Truhen, Spinnräder – mein Lieber.
War als Zimmermann ein begabtes Multitalent,
der allzeit Ehre und Lob redlich verdient.
Erst später im Nachruf kommt das Erinnern,
ja, Friedrich im Dorfe, der konnte zimmern!

DIE HARKE

Die Harke Afrolite,
sie sagt: »Ist alles Schiete!«
Hat über Winter nichts zu tun,
als ewig nur sich auszuruh'n.

Wird trocken sehr am Leibe,
in der Ecke ihrer Bleibe.
Sie kann erst neu erstarken,
nimmt man sie zum Harken.

Kniet' vor ihr gnädig nieder,
weil Gras und Klee wächst wieder
und der Frühling kehrt zurück,
strahlt die Harke jetzt vor Glück.

DER BESEN UND DIE FORKE

Der Besen hat der Forke
im März den Hof gemacht,
die hat ihn darauf nur
sehr spöttisch ausgelacht.

»Was willst du Zapustbesen,
mit mir, dem spitzen Stück?«
Sagte sie zu ihm hochnäsig,
»bei mir hast du kein Glück!«

Den ganzen Sommer über,
bis in den Herbst hinein,
er wird benutzt zum Kehren,
kurz wird das Leben sein.

Im Winter bei viel Schnee,
nutzt er sich gänzlich ab,
dann er das Ende kommen sieht,
nur wenig Ruten er noch hat.

Die Forke wusste ganz genau,
ein Verhältnis mit dem Besen,
es überdauert nicht ein Jahr,
das wär' zu knapp gewesen.

»Zusammenarbeit – ja«, meint sie,
mehr war nimmer drin,
machte es dem Besen klar
und grinste vor sich hin.

Dabei war mal der Besen
für die Fastnacht auserwählt,
trotz öffentlicher Ehrung
sind seine Tage nun gezählt.

Dieser Undank auf der Welt,
immer die »alten Lieder«,
verschwand als Besenstrunk
und kehrte nie mehr wieder!

Budchen mit Herz

Früher auf dem Lande,
wo alles primitiv,
stand's Plumpsklo um die Ecke,
oftmals krumm und schief.

Aus Holz zusammengenagelt,
mit Ritzen breit und schmal,
dem Winde ausgeliefert,
wenn musstest du einmal.

Wahrlich kein Vergnügen,
Erleichterung – mitnichten,
wenn du auf diese Art
sollst dein »Geschäft« verrichten.

Im Sommer war's erträglich,
weil's warm beim Sonnenschein,
im Winter dann unmöglich,
bald fror der Hintern ein.

Dann musste man sich sputen
und keine Zeit verliern,
sonst drohten wirklich einem,
edle Teile einzufriern.

Kinder, lasst euch sagen,
vergesst die gute alte Zeit,
betreffs Toiletten-Fragen,
im Lande weit und breit.

Heut gibt es moderne Räume,
wo's Klo toll eingebaut,
dass man bei so viel Eleganz
sich kaum zu pupsen traut.

Nobel geht die Welt zu Grunde,
sagt ein altes Sprichwort gar,
trotzdem soll ein jeder wissen,
wie es früher einmal war.

AM STADTRAND

Ein Mann im besten Alter
fuhr radelnd in die Stadt,
um sich in ihr mal umzuschaun,
was sie zu bieten hat.

Doch schon nach tausend Meter,
sie führten geradeaus,
da war die kleine Spritztour,
für diesen Herrn schon aus.

Er knallte an die Hauswand,
vom edlen Rotlicht-Puff
und machte fast 'nen Kopfstand,
bis er stand wieder uff.

Die Kniee arg zerschunden,
das Hinterteil verdreht,
die Rückhand voller Wunden,
er so nach Hause geht.

Wie konnte dies geschehen?
Wie konnte das passiern?
Wie kann man eine Hauswand
zum Aufprall anvisiern?

Er schaute nach den »Miezen«
und nicht nach dem Verkehr,
der Sex tat ihn wohl triezen,
zur Strafe das Malheur.

Er fährt jetzt andere Wege,
womöglich halb so schnell,
vorbei an schönen Häusern,
doch nie mehr am Bordell.

DER OPTIMIST

Opa wird jetzt origineller,
sitzt seit Tagen still im Keller,
inmitten der Kartoffelstiegen,
ist von dort nicht fortzukriegen.
Er sagt, dass er dort bliebe:
»Hier keimen selbst die letzten Triebe!«

GEDANKENBLITZ

Ob am Blitzer,
ob im Stau,
er liebt herzlich
seine Frau.
Und ist es einmal
nicht der Fall,
dann ist's dem Blitzer
auch egal!

Trotzdem selbstbewusst

Vorne Igel, hinten Glatze,
krummer Buckel wie 'ne Katze,
Riesensegler, lendenlahm,
ohne Zähne knuddelzahm.

Dicke Mandeln, dicke Beine,
platte Füße wie ich meine,
Hühneraugen, hoher Spann,
Hängebauch mit »Zündschnur« dran.

Trotzdem sicher, selbstbewusst,
begibt er sich noch voller Lust
in die rote, lichte Ritze,
treibt's dort wieder auf die Spitze.

Völlig nass und durchgeschwitzt
er sodann nach Hause flitzt.
Vergnügen endet mit dem Schreck,
Geld, Papiere, alles weg.
Vor Wut springt er zum Fenster raus,
mit diesem Sprung ist alles aus –
Applaus!

Sexshop adieu

Es gibt Frauen im Dorf mit viel Temperament,
die der eine oder der andere ganz gut kennt.
Sie sind nicht schüchtern – von wegen,
die »Tolle Lola« ist nichts dagegen.
Da fragt man sich unmittelbar sacht,
wieso hat des Dorfes Sexshop pleite gemacht?
Liegt es etwa an des Dorfes Männerwelt,
die prüde oder sonst nicht gut bestellt?
Man hörte so allerlei munkeln,
doch die Wahrheit bleibt verborgen im Dunkeln.

KRAMPFES-GRÜSSE

Nachts um vier
brüllt der Oskar
wie ein Stier,
sakra, was für
eine Pein,
oh, dieses schmerz-
verkrampfte Bein!

DER GEMÜSEHÄNDLER EMPFIEHLT:
(Nur für Männer)

Männer hört auf diese Worte,
meidet Süßes, meidet Torte,
vermeidet eine Ehekrise
mit jeder Menge Frischgemüse!

Mit 50 spiele nicht den Helden,
das wird dir jeder Arzt vermelden,
vorbei ist die Gefühlsepoche,
trotz Vita-Pillen, 10 Stück pro Woche.
Hör auf damit, iss Petersilie,
froh ist dann auch deine »Lilie«.
Vernasche sie – hin, bis zur Qual,
dann bleibst du jung und sehr vital!

Hält dich deine Frau auf Trab,
doch du bist abends müd' und schlapp,
ihr Negligee macht dich nicht an,
die Therapie versagt beim Mann,
aber springst ins Bett wie Meister Knoll,
»haust« du mit Kopfsalat dich voll.
Es dankt dir herzlich deine flotte,
ja heiß geliebte »Rumbalotte«!

Läuft das Leben nicht mehr rund,
leidest unter »Muskelschwund«,
will er nicht der kleine Lümmel,
iß den Rettich frisch mit Kümmel.
Auch ein Wunder wird gescheh'n,
in der Liebe, du wirst seh'n!

Und nagt bei dir der Zahn der Zeit,
die Schwäche macht sich bei dir breit,
du denkst, schön wär's doch täglich,
den Rat geb ich, wie's möglich,
nur Mut, du wirst zum Sellerieesser
und wieder scharf wie ein Küchenmesser!

Wenn du im Monat einmal nur,
dich anschickst für die Liebestour,
wo bleibt die Zeit von Sturm und Drang,
die Weiblichkeit denkt, du bist krank,
träumst du von dem Erotikknüller,
doch fehlt die Tinte in dem Füller,
das ändert sich, speis mehr Karotten,
das half schon bei den »Hottentotten«!

Umtänzelt dich die Frau graziös,
das macht dich kribbelig, nervös,
kommst somit etwas aus dem Tritt,
doch möchtest werden wieder fit,
dann beiß' in gelbe – grüne Schoten,
und du wirst bald zum »Sexchaoten«!

Oh, wie war das immer nett,
so zu zweit im Ehebett,
und so richtig mollig warm,
heut gibt's höchstens Smogalarm,
dicke Luft und kein Verkehr,
deshalb Spargel frisch verzehr',
dein Liebeshunger wird gestillt,
bist wieder hemmungslos und wild.

Du sagst enttäuscht ganz vehement,
es hängt doch alles tot im Hemd,
und stehst im Badezimmer stramm,
ein Plunderteilchen-Notprogramm.
Nachdem vorbei der Männerstrip,
geb ich als Gärtner dir den Tip,
verführen kannst du erst dein »Lieschen«,
nach dem Verzehr von sechs Radieschen!

Zum Abschluß aber ungeniert,
wird auch der Ernstfall akzeptiert,
denn fährst du nachts am Center vorbei,
und siehst das Rotlicht um null Uhr drei,
in Gedanken willst du Esmeralda liebkosen,
doch zu Hause, da stehst du in Unterhosen.
»Es war nix – es ist nix«, sagt spöttelnd die Süße,
da hilft keine Viagra und auch kein Gemüse!

Das alte Bett

Eingekuschelt in die Kissen,
unterm Deckbett tief versteckt,
möchte man es nicht mehr missen,
ein Lob dem, der's hat entdeckt.

Das Bett ist nun einmal die Ruhestätte,
worauf man sich den ganzen Tag schon freut,
was wäre, wenn man dieses nicht mehr hätte,
das halbe Leben wäre so versäut.

Das Bettgestelle ist aus altem Eisen,
der Rost schon überall dran nagt,
ist's Alter besser nachzuweisen,
weil auch der Rest ist sehr betagt.

Auch die Matratzen sind nicht mehr die Jüngsten,
die Federn geben zu viel nach und so,
es müssten neue sein, wenn's geht zu Pfingsten,
sonst hängt er durch, der runde arme Po.

Das Laken ist schon dreimal ausgebessert,
es schimmmert nur noch grau statt weiß,
der Eindruck bleibt, es wurde falsch gewässert,
vielleicht gewaschen, viel zu heiß.

Im Inlett sind die Daunen nur noch Klumpen,
befinden sich mal rechts – dann wieder links,
es fühlt sich alles an wie alte Lumpen,
wenn's neue wären, dann ging's.

Beim alten Ehebett, da gibt es noch die »Ritze«,
sie teilt die Lager eins und zwei,
gibt weder Halt, noch irgendwelche Stütze,
verhindert aber doch so manche »Schieberei«.

Nun gibt es viele alte Betten,
vereinzelt steh'n sie noch zur Schau,
andere wandern zu den Abfallstätten,
doch wer sein altes Bett behält – ist schlau!

VOM TISCHLERMEISTER

Ein Leben für das Handwerk,
voller Müh und voller Fleiß,
es rieselte zu Boden
gar mancher Tropfen Schweiß.

Stets aufgeschlossen
zu Kunden jeder Art,
für Wünsche ob aus Holz
oder aus Laminat.

'Ne Menge Fenster, Türen,
die er gefertigt hat,
für sie geführt den Hobel,
was er so gerne tat.

Als Tischlermeister in Person,
bewundernd sein Geschick,
bleiben auch aus seinem Leben
ein paar »Späne« nun zurück.

MÖBEL

Eingeschiffte Möbel
ist der letzte Schrei,
allein schon die Bezeichnung
eine echte »Sauerei«.

Entstanden aus Naturholz,
in einem fernen Land,
hier soll man sie bestaunen,
ich find es »Allerhand«.

Gut verschiffte Möbel,
schippern übers Meer,
erreichen dann Europa,
die mag der Kunde sehr!

DER SCHNEIDERMEISTER

Der Schneidertisch aus festem Holz,
war einst einmal sein größter Stolz.
Stets abgedeckt und aufgeräumt,
auf ihm vom großen Geld geträumt.

Überlegt auf diesem zugeschnitten
und unter Zeitnot oft gelitten.
Genäht auf diesem, dabei geraucht
und viele Rollen Garn verbraucht.

Stieg er dann spät vom Tisch herunter,
war so des Nachts um zwei noch munter.
Beim Bügeln klopfte er tüchtig drein,
denn am Morgen musste alles fertig sein.

Die Kundschaft kam und hatte Glück,
bezahlt und nahm das Kleidungsstück.
Wer hat dann schon daran gedacht,
dass er geschafft die halbe Nacht.

Hat viele Kunden treu bedient,
ein Sonderlob deshalb verdient.
Und ging im Alter der Zwirn mal aus,
er blieb der ruhende Pol im Haus.
Und schaut man heut durch die Gardine,
da steht nun still seine Nähmaschine.

GESPRÄCH AM KAFFEETISCH
ZWISCHEN VATER UND SOHN

Sohn: »Vati, verstehst du auch Sorbisch?«

Vater: »Natürlich, ich bin doch hier in der
Niederlausitz aufgewachsen.«

Sohn: »Hast du auch schon einmal beim Tele-
fonieren sorbisch gesprochen?«

Vater: »Ja, aber es kommt selten vor.«

Sohn: »Wann zum letzten Mal?«

Vater: »Ach, vor kurzem, da hat mich doch
jemand am Telefon in Englisch
angesprochen.«

Sohn: »Aber Vati, du verstehst doch kein
Englisch.«

Vater: »Stimmt, deshalb habe ich ihn prompt
in sorbisch gefragt, chto tam jo?
(wer ist dort?)«

Sohn: »Was hat dein unbekannter Gesprächs-
partner darauf gesagt?«

Vater: »Ja, der war ziemlich verdutzt, redete
weiter in Englisch auf mich ein, aber
ich fragte noch einmal in Sorbisch:
Chto tam jo?«

Sohn: »Was passierte dann?«

Vater: »Dann sagte der Herr sichtlich über-
fordert in gebrochenem Deutsch
›Hiere is one Mensch!‹
Ich sagte darauf nur: Und hier ist
Donald Duck!«

Sohn: »Und das soll ich glauben?«

DER FUHRUNTERNEHMER

Motoren, welche Kraft erzeugen,
oft seiner Hand sich mussten beugen.
Motoren, voller Kraft und Schwung,
behielten selbst sein Leben jung.

Wenn das Getriebe ächzte, knarrte
und die Kupplung in Ruhe verharrte.
Wenn die PS im Nu verpufften,
nie durfte er deshalb verduften.

Schalt-, Licht- und Bremsanlagen,
Defekt derselben, er hat es ertragen.
Er suchte die Fehler bis spät in die Nacht,
hat die Fahrzeuge wieder in »Schuss« gebracht.

Und kamen die Brummis im Schlepp zurück,
behielt er immer den Überblick.
Erlitt deshalb nie einen Schock,
saß selbst bei Fahrten auf dem Bock.
Verzichtet auf Leben, das ach so bequemer,
der »eingefleischte« Fuhrunternehmer.

Das verschwundene Automobil

Vor vielen, vielen Jahren,
bei einem Kirmestanz,
spurlos verschwand damals
das Auto von Herrn Franz.

Die neue Limousine,
vor der Kneipe abgestellt,
er selbst dann an der Theke,
unter die Jugend sich gesellt.

Eine Runde aufs neue Gefährt,
sie ließen ihn »hoch« leben,
damit der Wagen sehr gut fährt,
muss er noch mehr ausgeben.

Draußen, vor dem Gasthof
schauten junge Männer
und überlegten nur,
was tun mit diesem »Renner«?

Sie schoben Franz sein Auto
zur alten Scheune hin,
die stand vom Dorfe abseits,
dort sollt es bleiben drin.

Spät, so gegen Mitternacht,
Herr Franz nach Hause muss,
doch leider war der Wagen weg,
so ganz verschwindibus.

Er rief nach dem Gendarmen,
vom großen Nachbarort,
der kam noch ganz verschlafen
und fluchte immerfort.

Fand kein Indiz von Tätern,
auch keine Spuren mehr,
denn es schneite unentwegt
die letzten Stunden sehr.

Erst im späten Frühjahr,
fand ein Bauer das Mobil,
als er Futter holen wollte,
dann fast in Ohnmacht fiel.

LOCHTOPP IST EINE REISE WERT

Ohne Splitt und ohne Pflaster,
weil das Amt stellt keinen »Zaster«
für den Straßenbau bereit,
Zoff in der Ortschaft und ewiger Streit,
so bleibt die Fahrbahn ungeteert.
Ja, Lochtopp ist eine Reise wert!

Du musst es erleben bei Tag und bei Nacht,
Schlagloch an Schlagloch, eine höllische Pracht.
Mondkratern ähnlich sehen sie aus,
sitzt drin du, kommst kaum wieder raus.
Aber hat dich irgendwer darüber belehrt?
Ja, Lochtopp ist eine Reise wert!

Und fährst mit dem Fahrrad die Straße entlang,
macht dich das Gerüttle unweigerlich krank
und gehst du zum Arzt wegen dieser Pein,
verlangt dieser zuerst einen Kassenschein.
Doch du hast Straßenallergie – die Sinne gestört.
Ja, Lochtopp ist eine Reise wert!

Es hat grad' geregnet weit und breit
und du gehst spazieren im neuen Kleid,
ein Wagen, der plötzlich kommt angeflitzt,
hat dich von oben bis unten bespritzt,
es hat deinen Hass auf die Straßen vermehrt.
Ja, Lochtopp ist eine Reise wert!

Im Finstern tastest du dich von Huckel zu Huckel,
bist schon älter, hast Jahre auf dem Buckel,
wird dir zum Verhängnis ein Straßentrichter,
es hilft dir kein Anwalt und auch kein Richter,
weil deine Finanzen noch ungeklärt.
Ja, Lochtopp ist eine Reise wert!

Und holperst mit dem Wagen über solch' eine Piste,
sitzt drin in der wackligen Folterkiste,
es schüttelt dich durch – du hast zu knappern,
hörst deine Gallensteine im Innern klappern,
hoffentlich bleibt dein Korpus unversehrt.
Ja, Lochtopp ist eine Reise wert!

Das Vorderrad ist oben, das hintere unten,
die Stoßdämpfer ächzen, werden geschunden,
du stößt mit dem Schädel ans Himmeldach,
der Motor im Ersten macht mörderisch Krach,
es verreißt dir das Lenkrad, du kuppelst verkehrt.
Ja, Lochtopp ist eine Reise wert!

Doch erst im Winter bei Eis und Schnee,
ist die Qual groß auf der Nebenchaussee,
es haut einen hin, wie vom Winde geschoben
liegst du schon flach, nimmst »Bodenproben«,
kaum jemand hat sich um die Streupflicht geschert.
Ja, Lochtopp ist eine Reise wert!

Die Zeit ist nun da, mit Matsch und Schnee,
die Hausfassade frisch renoviert – okay.
Mit 80 km/h kommt ein Laster angetreckert,
hat dein Haus samt Fenster bekleckert,
deine Wut ist grenzenlos – du bist empört.
Ja, Lochtopp ist eine Reise wert!

Lochtopps Bewohner sind trotzdem froh,
denn da gibt es noch das Reisebüro.
Es müsste sich um Werbemittel bemühn,
um viele Besucher nach Lochtopp zu zieh'n
und preisen, warum dieser Ort so begehrt,
ja, denn Lochtopp ist wirklich eine Reise wert.

BLECHKUCHEN VON MARTHA

Von Cottbus bis nach Königswartha,
lobt man deinen Kuchen, Martha.
Ach, ist das 'ne Delikatesse,
wenn ich ein Stück zum Kaffee esse.

Ob mit Streusel oder Quark,
ein Hochgenuss, ganz einfach stark.
Selbst im höchsten Regierungskreis,
war man auf Marthas Kuchen heiß.

Seit Jahren sorgt Martha für Qualität,
wenn es um ihren Blechkuchen geht.
Gebacken wird vieles, auch mit Geschick,
doch Martha hat einen besonderen Trick.

Zu jeder Art von Festlichkeiten
ist fleißig sie beim Zubereiten,
exakt berechnet sie die Masse,
ihr Backinstinkt zeigt große Klasse.

Und wird nun etwas grau das Haar,
back Kuchen, Martha, noch viele Jahr,
Du musst uns weiter das Leben versüßen,
so lassen wir Kuchenesser herzlich grüßen!

Sabine zum 40. Geburtstag

Sabine fährt zu gern Rad,
mehrmals so am Tage,
für die ist's keine Schinderei
und zusätzliche Plage.

Das Radeln hält Sabine jung,
das liegt an der Bewegung,
ihr Kreislauf bleibt in Schwung,
abgebaut wird Stresserregung.

Einmal hatte sie viel Pech
und das am Vatertage,
sie war mit einer Gruppe wech,
was brachte sie in Rage?

Drei Pannen bei der Tagestour,
für ihr Geschmack zu viel,
jedes Mal der Schlauch defekt,
es lag nicht am Ventil.

Alle halfen ihr dabei,
die Schäden zu beheben,
so strich der Ärger bald vorbei
und weiter ging das Leben.

Nun, Sabine, dacht ich mir,
was soll ich dir nur schenken?
Mit was mach ich 'ne Freude dir,
musst an die Pannen denken.

Ich schenk dir einen Fahrradschlauch,
hab' nicht viel Geld gespart,
damit im neuen Lebensjahr
hast allzeit gute Fahrt.

Sie ist immer dabei

Immer auf Achse, immer mobil,
immer dabei sein, das ist ihr Ziel,
in der Wirtschaft, beim Sport, bei Jubiläen,
selbst bei der Fastnacht kann man sie seh'n,
beim Poltern, Geburtstag, bei der Einkäuferei,
schau an, Frau Emsig ist immer dabei!

Die Buchführung, die Kunden, das Telefon,
Computer, Kopierer, man kennt es schon,
die Durchsicht behalten bei den Unterlagen,
mit dem gesamten »Papierkrieg« sich plagen,
als Geschäftsfrau prüfen die Rechnungslitanei,
schau an, Frau Emsig ist immer dabei!

Da ist die Familie mit fünf Personen,
wie kann man sich hier noch in Ruhe schonen,
Besorgung der Dinge des täglichen Lebens
und so mancher Weg ist dazu noch vergebens,
ob im Haushalt, in der Küche, in der Wäscherei,
schau an, Frau Emsig ist immer dabei!

Nun fragte jemand, was sie zu Hause verdiene,
sie sagte: Sie wäre doch keine Rechenmaschine,
wer Geld möchte, kommt an die falsche Adresse,
vielleicht stünde es morgen schon in der Presse!
Doch geht's um Erhöhung der Konten so nebenbei,
schau an, Frau Emsig ist immer dabei!

Der Staat braucht Kinder vom Adebar,
doch es wurden stets weniger in jedem Jahr,
da hast du 'ne Firma und eine Geschäftskartei,
brauchst Nachkommen, nicht zwei, sondern drei,
wenn es darum nur geht, dem Mann ist's einerlei,
schau an, Frau Emsig ist immer dabei!

Der Mensch hat Beine, damit kann er laufen,
muss oft die Gesundheit sich teuer erkaufen,
doch versagen sie mal, vielleicht noch das Knie,
muss man zur Klinik, zur Orthopädie,
gute Genesung wünscht man, wer immer es sei,
schau an, Frau Emsig ist immer dabei!

Zum Polterabend beim Schürzenjäger Strunz,
da treffen sich viele, von Hinz bis Kunz,
die Stimmung ist toll, bei Musik und Schwof,
und alles im Zelt, auf dem kleinen Hof,
die Gäste verlassen die Feier morgens um drei,
schau an, Frau Emsig ist immer dabei!

Im Februar zur Fastnachtszeit,
hört man die Zamperer schon meilenweit,
mit Musik geht es von Haus zu Haus
und »springt« dabei der Meniskus heraus,
es lebe die Fastnacht und die Zamperei,
schau an, Frau Emsig ist immer dabei!

Auch im Sommer beim Sportfestball
wird gefeiert mit Knall und Fall,
Erotik erfasst die Frauen, sie zeigen Bein,
oh-lala, bei der Fülle von Sekt und Wein,
sie »sprühen« Funken bis nachts um zwei,
schau an, Frau Emsig ist immer dabei!

Und wenn es heißt, dem Winter zu entflieh'n
und mit dem Jet in die Karibik zu zieh'n,
sich bräunen lassen am weißen Strand,
vielleicht noch 'ne Banane in jeder Hand
und das Wellenreiten macht den Körper frei,
schau an, Frau Emsig ist immer dabei!

Doch genug der Worte, einmal ist Schluss,
ich hoffe, sie bringen keinen Verdruss,
was immer im Leben ein jeder wählt,
dabei sein ist alles, denn das nur zählt.
Lässt auch in Zukunft Frau Emsig ihren Lauf,
Restliches hebe ich fürs nächste Buch auf.

SENIORENFASCHING

Faschingsstimmung, gut erdacht,
auch Senioren Freude macht,
erlebt in einem Rentnertreff,
was dort passiert – es ist kein Bluff.
Im »Treffpunkt« zeigte sich der Kern,
des Dorfes Rentner ganz intern.

Kostümiert, erwartungsvoll,
mit Federboa, Hut, ganz toll.
Die altgediente Hauskapelle
auch heut war wieder sie zur Stelle,
versprühte Frohsinn bis zum Schluss,
selbst mit dem Lied vom »Meisterschuss«.

So nahm der Trubel seinen Lauf,
die »Schwitzkur« nahm man gern in Kauf.
Keine Spur von Altersschwäche,
im Gegenteil, die Bodenfläche
schwankte von dem wilden Tanz,
mit Anna, Martha, Hermann, Franz.

Beschwerden kannten sie hier nicht,
kein Platz für Rheuma oder Gicht.
Es tanzte ein vitaler Greis,
als ginge es um den ersten Preis,
er meinte nur: »Ich fühl mich frisch,
Bedenken? – Der Dr. sitzt am Nebentisch!«

Ohne lang zuvor geprobt,
Wahnsinn, wie hier wurd getobt.
Lautstark sang man im Gewühl,
noch Schunkellieder mit Gefühl.
Doch mit der flotten Eierfrau
ging alles unter im »Radau«, Helau!

DER MUSIKER

Mit Ansatz und mit Puste,
er oftmals blasen musste,
in seine Jazztrompete
na ja, auch mal für »Knete«.

Selbst mit dem »Akkordebum«
trieb er sich in der Welt herum.
Er quälte es in Städten,
bei Feiern, Jubelfeten,
vor vielen, vielen Gästen,
sogar bei Trachtenfesten.

Sieke, wie er leibt und lebt,
ständig an den Tasten klebt.
Will ich sein Leben nun ausloten,
besteht es fast aus lauter Noten.
Und musiziert er weiterhin,
ist das für alle ein Gewinn.

Sind die Erfolge eingesackt
und er bleibt rundherum intakt,
dann ist die Musikwelt o.k.
und sei's auch mit Kamillentee.

DER SCHALTER

Die Weihnachtsfeier fünfundachtzig,
man ahnte schon, die Sache macht sich.
Das Team der Küche wie jedes Jahr,
schon Stunden vorher fleißig war.
Die Tafel weihnachtlich geschmückt,
Kollegen fröhlich, sehr entzückt.

Doch kaum das Eisbein ward verzehrt,
schon die Getränke man begehrt.
Ein Schnaps, ein Bier, dazwischen Wein,
sie kippten kräftig in sich rein.
Die Stimmung stieg und auch der Krach,
die Müden wurden plötzlich wach.

Der Discosound nun animiert,
zum Tanz man schließlich schwadroniert.
Rudi sagt: »Es ist zu hell,
macht aus das Licht, ein bißchen schnell!«
Doch plötzlich – mein Gott Walter,
begann das Chaos mit dem Schalter.

Der Jörg war es, der Bösewicht,
er schaltet wieder ein das Licht.
Kaum war es an, ging's wieder aus,
der Steffen schaltet mit Applaus.
Es glühte schon der Schaltkontakt,
den Steffen nun der »Kleister« packt.

Zur Seite schob er Jörg ganz grob,
ein Griff zum Schalter und zum »Kopp«,
fast käme es zur Schlägerei,
da eilte Geselle Golz herbei,
er wollte schlichten diesen Streit,
der Junge tat nun Hertha leid.

Hertha ließ den Partner steh'n,
Nun mußte sie zum Schalter geh'n.
Schalter, Funken, Licht und Schreck,
bums, zog der Ralf den Steffen weg.
Himmel, Bimmel und mit Graus,
da ging das Licht schon wieder aus.

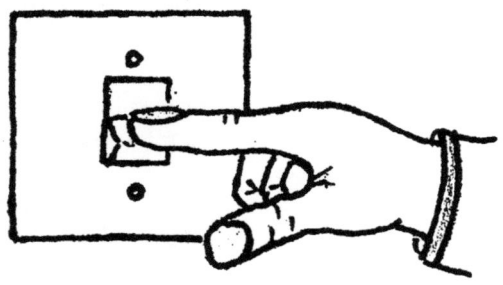

Otto fühlt sich nun bestätigt,
als er den Schalter selbst betätigt.
Kollegen, Schalter und die Feier,
da fehlte plötzlich Maxe Meier.
Dem schien die Sache viel zu bunt,
für ihn schlug jetzt die große Stund.

Schnell sah man ihn zum Zähler hasten,
heraus die Sicherung aus dem Kasten.
Mit seinem Trick da war's geschehen,
nichts war mehr in dem Raum zu sehen.
Nun wurde auch dem Letzten klar,
das alles krasser Blödsinn war.

DIE FEUERWEHRÜBUNG

Der Feuerwehrmann Robert May
hat an diesem Sonntag frei,
hört mit seiner Frau Helene
die laut aufheulende Sirene.

Wie er so kuschelig liegt im Bett
und hat, was findet er so nett,
da fällt ihm ein, na klar, die Übung
ist angesetzt, ohne Verschiebung.

Helene sagt: »Die Pflicht verlangt
und da du Robert nicht erkrankt,
musst du früh hin und zwar sofort,
die Kameraden warten dort!«

Ein Blick zur Uhr, die Zeit sie drängt,
das Frühstück wird heut eingeschränkt,
Hose, Jacke, noch fehlt das Hemd,
denkt Robert nur in dem Moment.

Wo sind die Stiefel und die Socken?
Ist das Unterhemd schon trocken?
er findet nichts und sucht und sucht,
dabei nur Minuszeit verbucht.

Gelauf, Getrab – die Zeit wird knapp,
da reißt ihm noch die Schlaufe ab.
Den Knopf nichts an die Hose bindet,
reißt ab und unters Bett verschwindet.

Verzweifelt und mit Wut im Bauch,
denkt Robert an den Fahrradschlauch,
der nie die Luft konnt halten sehr,
es roch schon wieder nach Malheur.

Sein Fahrrad holt er aus dem Stall,
es war schier nahe dem Verfall,
er hat es lange nicht benutzt,
geschweige dann und wann geputzt.
Die Luft entwichen, der Lenker schief,
der Sattel schräg und viel zu tief.

So viel Pech an diesem Tage,
dazu die kalte Wetterlage,
doch halt – er sieht die Möglichkeit
vielleicht 'ne Übung hier zu zweit.

Wovon Helene noch nichts ahnte,
was Robert ganz im Stillen plante,
sie dachte an ein Missgeschick,
weil Robert kam so schnell zurück.

Und plötzlich stand er da im Hemd,
sagt: »Beim Lodrian, es brennt, es brennt!«
Die Feuersglut erstmal entfacht,
verbreitet sich mit aller Macht.
Obwohl im Bett kein Qualm, kein Rauch,
verlangt Helene nach mehr Schlauch.

Helene fand die Übung toll,
auch Robert schrieb ins Protokoll
und hat darinnen klar betont,
der Einsatz hätte sich gelohnt.

So wär die Übung fast komplett,
wenn sie nicht einen Makel hätt.
Die Dienstpflicht wurde hier verletzt,
die Kameraden arg versetzt.

Wenn man die Sache so betrachtet,
hat Robert das Vertrauen missachtet.
Da bleibt der Sinn von der Geschicht:
versäumt die Feuerwehrübung nicht!

DER BÄNKELSÄNGER

Der Bänkelsänger Wiesentief
die Texte übte sehr intensiv,
auch seine Stimme tat er pflegen,
allein schon seiner Gage wegen.

Die bekam er dann und wann,
wo er zeigte, was er so kann.
Oft bei großen Hochzeitsfesten
vor diversen Hochzeitsgästen.

Für die Feier zugeschnitten,
passend zu den Bräuchen, Sitten,
trug das vor Herr Wiesentief
gesanglich hoch wie auch mal tief.

Er sang von Liebe und von Leid,
von Trauer und von Fröhlichkeit,
von Menschen mit viel Herz,
von Freude und auch Schmerz.

Mit dem Stock zeigte er dabei
auf des Blattes Malerei,
ganz verhalten ohne Hast,
zum Text das Bild gerade passt.

Wiesentief, der singt nicht mehr,
leider, die Gäste es bedauern sehr,
diese Kleinkunst ach, die Schöne,
ersetzen heute Disko-Töne.

Polterabend mit Max

Max der Schlingel, zwanzig Jahr,
ein Luftikus schon immer war,
ist's bei Feiern oder Festen,
stets er seinen Hals will testen,
ob er rissig oder dicht,
das muss sein, das ist Pflicht.

Beim Polterabend von Cyrill,
den Hals er wieder testen will,
mit Kümmel und mit Branntewein,
'ne Flasche »Luder« darf's auch sein.
Er trinkt sehr viel, bis er beknackt
am Poltertisch zusammensackt.

Mit scharfen Sachen so im Magen,
trägt man den Max zum Ackerwagen,
der provisorisch abgefegt,
auf diesen jetzt den Max ablegt.
Nur kurz ruht Max auf dessen Planken,
schon hegt man Neues in Gedanken.

Fritz den Schweinetrog erspäht,
den er auf seinen Boden dreht,
packt etwas Stroh in diesen rein
und bettet Max darauf als »Schwein«.
Der weiß nicht, was ihm hier geschieht
und was ihm jetzt noch alles blüht.

Am Schlachtetrog, so wirkt es besser,
wetzt Richard schon das große Messer.
Als der Jux nimmt seinen Lauf,
da schlägt der Max die Augen auf,
bemerkt, wie er immens bedroht,
wie nah vom Saufen er am Tod.

Die Polterrunde jubiliert,
hat sie den Spaß doch inszeniert.
Was heut passiert ist, Max gesteht,
demnächst er aus dem Wege geht.
Plagt der Durst ihn noch so sehr,
seitdem »prüft« er den Hals nicht mehr.

Die Hochzeitsnacht

Um ein Uhr zehn fragt Juro List,
wo's Brautpaar abgeblieben ist.
Noch eben saßen munter, frisch,
die beiden hier am Festtagstisch.

Doch ohne lautstark zu bekunden,
sind Braut und Bräutigam verschwunden.
Verschwunden unters Krüppeldach,
des Brautpaars heut'ges Schlafgemach.

»Ich könnt die jungen Leut beneiden«,
sagt Opa Mirko ganz bescheiden!
»Was nützt die Braut in schönster Tracht,
wenn's gäbe keine Hochzeitsnacht!«

Indessen geht der Blick nach oben,
wo's Bett wird hin und her geschoben,
wo's quietscht und knarrt so kriminell,
wo's wankt und ruckt, das Bettgestell.

Wie leidenschaftlich ist vernarrt,
wer massiv Kräfte aufgespart,
die nächtlich wilde Blüten treiben,
ach, könnt es ewig doch so bleiben.

Tja, auch diese Nacht, sie geht vorbei,
die selig, himmlisch für die Zwei.
Nur der Strohsack in dem Bette,
etwas noch zu sagen hätte:
»Belagert und bis früh gedrückt,
die Hochzeitsnacht, sie ist geglückt!«

Fritz der Komiker

Sie heißt Luise, eine geborene Dorn,
sie hatte Geschwister von Schrot und Korn.
Der Fritz war aber ihr Lieblingsbruder,
ein Humorist, ja ein spaßiges »Luder«.

Von ihm erzählt Luise noch heut,
wie lustig unterhalten konnte er die Leut.
Mit Reden und Witzen hat er nicht gegeizt,
mit deftigen Späßen die Stimmung angeheizt.

Sein Beitrag kam immer gut an,
er war für Komik der rechte Mann.
Oft saßen die Gäste betrübt an der Tafel,
redeten miteinander nur loses Geschwafel.

Sobald aber Fritz als Ulknudel erschien,
brauchte sich keiner mehr um Trübsal bemüh'n.
Dann ging die Post ab, der Ärger verschwand,
Gelächter, bis das Auge voll Tränen stand.

Am Himmelfahrtstag eines jeden Jahres,
gab es trübes Wetter, aber auch klares,
stieg er hinauf, hoch auf die Esse,
spielte auf seiner Klarinette mit Raffinesse.

Ganz oben stand er wie eine Ikone,
man fand ihn toll mit seiner »Melone«.
Noch heute sprechen viele im Kreis darüber,
ja, Fritze war schon ein besonderes »Kaliber«.

Selbst im hohen Alter, was allen gefiel,
änderte er nicht sein Lebensstil.
Und stand alles nicht in der hiesigen Presse,
er blieb bis zum Schluss der frivole Kesse.

Dorfsplitter

Im Dorf gab es 'ne Quelle,
sie sprudelte viel Nass,
sie füllte viele Gräben
und auch so manches Fass.
Die Quelle ist versickert,
sie sprudelt längst nicht mehr,
der Pfuhl, der nicht geblieben,
er fehlt den Kindern sehr.

Im Dorf war es am wärmsten,
weil's sehr oft hat gebrannt,
das Feuer traf die Ärmsten,
ums Leben sie gerannt.
Die Feuerwehr war machtlos,
bei dieser Feuersbrunst,
die Strohbuden zu retten,
glich einer großen Kunst.

Im Dorfe zog die Kneipe
gestandene Zecher an,
der Wirt, der alte Zausel,
den Ausschank hier getan.
Er kannte flotte Sprüche,
diverse an der Zahl,
nachts lag er unterm Tresen,
betrunken radikal.

Durchs Dorf fuhr laut die Guste,
bekannt als Spreewaldbahn,
ging ihr mal aus die Puste,
hat's allen Leid getan.
Bis neunzehnhundertsiebenzig
ist sie hier noch verkehrt,
fortan war sie verschwunden,
dann war sie nichts mehr wert.

Des Dorfes alte Schule
hatte vieles schon erlebt,
aus Backstein einst errichtet,
mit Kalk zum Teil verklebt.
Die Lehrer sind verstorben,
die Schüler allesamt,
aus alten Klassenzimmern
entstand's Gemeindeamt.

Im Dorf, da fiel vor Jahren,
ein Mann aus seinem Bett,
hat Kornbrand »eingefahren«,
es war der Bauer Pötk.
Geträumt, er fiel vom Kirchturm
ins offene Jauchefass,
als er darauf erwachte,
war er bedenklich nass.

Die Villa

Was einst im Dorf die noble Welt,
nun immer mehr in sich zerfällt.
Es liegt nicht nur am Staub und Schmutz,
wenn fällt vom Haus der Kalk und Putz.
Restauration wäre längst von Nöten,
es fehlt Mut und an »Peseten«.
»Was kostet die Villa?« fragt da der Meier,
»schwebt über dieser schon der Pleitegeier?!«
Mit dem wäre die Gemeinschaft komplett,
bleibt noch der Verkauf übers Internet.

OHNE SKRUPEL

Das Suppenhuhn, so ich ihn frage,
lebt höchstens nur noch sieben Tage,
dann trennt der Bauer stumpf
des Huhnes Kopf vom Rumpf.
Die Mission als Scharfer Richter
muss er wohl tun, eiskalt verspricht er.

Tiere im Spreewald

Onkel Ewald und seine zierliche Frau
wohnen im Spreewald bei Lübbenau.
Sie halten sich Tiere, darunter Karnickel,
der Enten sind viele, dazu noch zwei Zickel.

Ihr Hahn begattet nicht nur eine Henne,
dafür liegt sein Futter bereit auf der Tenne.
Und »Schuftel«, der Hund, fest an der Kette,
schaut nach dem Knochen, den er gern hätte.

Nur die Mäuse erspäht man nicht,
sie scheuen tagsüber das Sonnenlicht,
dafür sorgen die Katze und der Kater,
ist Letzterer von den Jungen der Vater?

Am Morgen gurren die Tauben im Schlag,
die Gänse schnattern immerzu am Tag,
das lütte Ferkel wühlt emsig im Mist,
sucht, ob Fressbares zu finden ist.

Gesättigt ruht's Schäfchen im Grase aus,
da fliegt eine Schwalbe ins Nest am Haus
und all diese Tiere, eine eigene Schau,
liebt Onkel Ewald und seine Frau.

DIE MAUS

Die Oma wohnte unterm Dach,
in ihrem Ausgedinge,
da hatte sie das Schlafgemach,
weil's anders so nicht ginge.

Daneben stand der Küchentrakt
mit Kocher, Eimerschränkchen,
das alles völlig zugepackt,
mit Töpfen, Gläsern, Kännchen.

Seit Tagen raschelte 'ne Maus
in ihrem Wohnrevier,
das gab es lange nicht im Haus,
jetzt ausgerechnet hier.

Schon ewig hatte ich 'ne Maus,
doch diese als Attrappe,
die setzt ich in der Küche aus,
verdeckte sie mit Pappe.

Nur der Kopf war klar zu seh'n,
der Rest schön zugedeckt,
nun musst ich zu der Oma geh'n,
ich hätt die Maus entdeckt.

Die Oma nahm den Besen,
schlich hin zum Mausekopf,
ein Schlag – das war's gewesen,
traf Maus, Geschirr und Topf.

Der Topf zerbrach in Stücke,
zwei Gläser mit dazu,
statt Kännchen – eine Lücke,
ein Schaden so im Nu.

»Der Maus hab ich's gegeben«,
sagte Oma, »Schockschwerenot,
die ist nicht mehr am Leben,
ganz sicher mausetot!«

Aber schon am nächsten Abend,
raschelts lauter als zuvor,
verflixte Mäuseplage,
klang es laut in meinem Ohr.

Noch manchmal denk ich heute,
an diesen Streich zurück,
nicht, dass ich ihn bereute,
doch war's kein Meisterstück.

DAS RINGELSCHWÄNZCHEN

Die Minna ist allein zu Haus,
da bricht 'ne Schweinekrankheit aus.
Ein krankes Schwein, fast halb verreckt,
schon alle »Viere« von sich streckt.
Die Augen etwas schräg verdreht,
das Schweineherz bald stille steht.

Die Minna kann es nicht versteh'n,
im Stall hat sie das nie geseh'n.
Nur leises Grunzen hin und wieder,
der Schreck fährt so in ihre Glieder.
Ob eine Notschlachtung von Nöten,
doch wer soll dieses Schwein noch töten?

So denkt die Minna voller Qual,
vielleicht hilft Tierarzt Trübetal?
Der kommt geschwind, beschaut das Tier,
'ne Seuche ist's, hier sind Pill'n dafür.
Zehn Pillen täglich für das Schwein,
dann wird's bald wieder munter sein.

Darauf sich Minnas Blick erhellt:
»Wie ham's die Seuche festgestellt?«
Der Tierarzt sagt: »Mein liebes Pflänzchen,
ich sah's sofort am schlappen Schwänzchen,
ist's nach oben und gekringelt schön,
ist's Schwein gesund, auf Wiederseh'n!«

Die Minna schaut den Tierarzt an
und sagt: »Dann braucht die Pillen auch mein Mann,
denn auch mein liebes Hänschen
hat Sorgen mit dem Schwänzchen.
Es muss nicht gleich mit Kringeln sein,
mein Hänschen ist ja auch kein Schwein!«

GESPRÄCH AUF DEM HOF
ZWISCHEN VATER UND SOHN

Sohn:»Vati, gab es vor dem
Zweiten Weltkrieg auch schon Ziegen
im Dorf?«

Vater:»Freilich, sehr viele sogar.«

Sohn:»Und kleine, junge Zickchen?«

Vater:»Es gab natürlich auch junge Zickchen,
meistens im März, oder so um die
Osterzeit herum.«

Sohn:»Und das in jedem Jahr?«

Vater:»Na ja, nur wenn der Ziegenbock
einen guten Tag hatte und die
Ziege sozusagen ›geblieben‹ ist.«

Sohn:»Vati, das musst du mir aber näher
erklären.«

Vater:»Jedes Jahr im Spätherbst gingen
die Leute mit ihrer Ziege zum
Ziegenbock um sie decken zu
lassen.«

Sohn:»Und wenn der Ziegenbock fleißig
gewesen ist, gab es zu Ostern
also junge Zicklein.«

Vater: »Ja, aber war der Ziegenbock nicht
›gut drauf‹, ist die Ziege nicht
›geblieben‹, mussten die Leute
etwas später noch einmal mit der
Ziege zum Ziegenbock.«

Sohn: »Aha, mit anderen Worten:
Doppelt hält besser!«

Vater: »Natürlich, aber ganz ›schlaue‹
Leute gingen dann mit ihrer
Ziege, wenn sie denn in der Nähe
eines Flugplatzes wohnten,
dorthin.«

Sohn: »Was wollten sie mit ihrer Ziege
auf dem Flugplatz, um sie etwa
decken zu lassen?«

Vater: »Ach, nur weil sie hörten, dort
stünde ein Doppeldecker.«

Sohn: »Und das soll ich glauben?«

DIE BONBONS

Der Marius läuft im Schweinsgalopp,
schon früh zu seiner Oma,
die aber schläft noch felsenfest,
als läge sie im Koma.

Ganz leis' geht er zum Küchenschrank,
dort liegen Süßigkeiten,
stopft sich davon 'ne Tasche voll,
versorgt sich so beizeiten.

Zur Oma sagt er tags darauf:
»Ich hab sie nicht gegessen,
da war'n bestimmt die Mäuse dran,
die alle aufgefressen!«

KINDERZAMPERN

Etwas flotter liebe Suse,
in die Hose, in die Bluse,
bunt muss heut die Kleidung sein
für das kleine Zamperlein.
Ab geht's nun zum Kindergarten,
wo die anderen schon warten.

Was ist dort für ein Getümmel,
ein Gehupe, ein Gebimmel,
Frau B. hat ihre liebe Müh
mit Uwe, Maik und Stefanie.
Zum Zampern aber nun hinaus,
auf die Straße von Haus zu Haus.

Man freut sich schon auf Tante Linke,
denn die gibt immer reichlich »Pinke«,
das weiß man noch vom Jahr zuvor,
sie steht auch schon vor ihrem Tor
und winkt heran die Zamperschar,
die kommt, es gibt doch Geld in bar.

Bei Oma Kaiser auf dem Hofe,
singen sie dann eine Strophe,
von dem schönen Frühlingslied,
freudig, fröhlich wie man sieht.
Dafür gibt's, so ist der Brauch,
Plätzchen, Bonbon, Eier auch.

An den süßen Zampergaben
können sich die Kleinen laben,
aufgeteilt wird jedes Stück,
wenn vom Zampern sie zurück.
Selbst bei Ralf dem »Trauerkloß«,
dann ist die Freude riesengroß.

UNSER WALTER

Nu, unser Walter, der at nischt gelernt und is
ooch ochgekomm. Also, der wor nich dumm,
aber manchmal at er nur een bißchen zu
wenich gewusst. Jetz is er Funktionär bei ener
Partei. Der tut da ham Schreibtisch sitzen
und so funkti… funkti… ich meene so leiten.
Der wusste ooch schon friher himmer, was er
nicht wollte. Trotzdem haben se ihm damols
am 7. Oktober sogar eene scheene Prämie
gegeben, mit Urkunde und Penunse, so hum
de hundert Mork und een Abzeichen für das
Schakett. Haber hunser Walter at das verdient,
der sitzt ja bis hin die Nacht iber de Bicher,
tut so oart Selbststudium betreiben.
Ja, vielleicht wird er nochmol Ingenieur oder
Wendeadvokat, oder ach wees ich. Wenn man
das so alles iberlegt, dann tut er allen Leuten
elfen, dabei er at mit sich zutun selber.
Ja, unser Walter ist och sparsam sehre.
Für das Geld von de Prämie at er sich eene
neie Hose gekooft. Die alte wor ja nischt mehr
wert, mit der is er soviel Jahre uff Oarbeet
gefohrn. Een poormol abe ich ihm das Gesäß
geflickt und dos at er mir dann och vorgealten.
Jetz geht se nur noch für Garten und uffs Feld.
In Schuppen ooch für olz acken. In Lumpen-
sack kann er se später noch rinntun.

Ja, unser Walter, der at es geschafft, den tun
se jetz seere viele beneiden.
Bei dem haut es in, das stimmt.
Zum Durcheenanda hin der Welt sagt hunser
Walter himmer: »Wenn och die asen in die
Imbeeren oppeln, haber Hordnung muß sein!«
Also!

Anmerkung:
Bei diesem Gespräch zweier Frauen war ich als Autor selbst anwe-
send. Es ist also im Großen und Ganzen nicht frei erfunden, aber
typisch für die hiesige Gegend, hier in der Niederlausitz. Eigentlich
hatte ich Bedenken, diesen Text zu veröffentlichen, aber ich bin der
Meinung, auch diese eigenartige Redensart sollte, in welcher Form
auch immer, unbedingt für die Nachwelt erhalten bleiben. Schade,
diese Ausdrucksform wird es in Zukunft nicht mehr geben!

Die neue Arztpraxis

Die längste Zeit hat es gedauert,
bis dass die Praxis neu gemauert.
Nun steht sie da in voller Pracht,
Lob dem Schöpfer, der alles erdacht.

Doch strahlt das Bauwerk noch so sehr,
jetzt müssen Kassenscheine her,
denn ganz natürlich ohne diese
man macht nichts gut, nur eben »Miese«.

Damit dies aber nicht geschehe,
wünscht Patient aus nächster Nähe,
für die Arbeit im neuen Domizil,
Kraft, Erfolg dem Arzt recht viel!

IRRTUM

Nachts um drei
in der Finsternis,
sucht der Theo
sein Gebiss,
streift mit der Hand
das Kinn,
aha, es ist ja noch
im Munde drin!

JUCKREIZ

Nachts um zwo
juckt's am Körper
irgendwo,
kratzen, scheuern
nichts hat Sinn,
man legt sich gähnend
wieder hin!

KALTE FÜSSE

Eisigkalte Füße,
am Tage und zur Nacht,
was sich da machen ließe,
hab ich den Arzt gefragt.

Der sagte: »Ach, das kenn ich,
das betrifft mich haargenau,
ich steck die kalten Füße
unters Deckbett meiner Frau!«

Tun Sie doch das Gleiche,
des Doktors weiser Rat,
damit die Kälte weiche,
so schreiten Sie zur Tat.

Ich sprach darauf zum Doktor:
»Das würd ich gerne testen,
zuvor Sie fragen Ihre Frau,
wann passt es der am besten?«

DER NÄCHSTE BITTE!

Die Praxis von Herrn Doktor Klaus
befand sich gleich im Nebenhaus,
für Otto hatte das schon Sinn,
er musste ab und wann mal hin.
Die Gründe waren oftmals Schmerzen,
auch mal 'ne Störung so am Herzen,
Angina, oder rau der Hals,
Ischias, Rheuma ebenfalls.
Was Otto dann zum Doktor führte,
desgleichen andere Leut berührte,
was er erlebt in Praxisbildern,
das muss man in Satire schildern.

Leise hatte Otto die Tür zugemacht,
da fragte der Herr Doktor: »Na, was haben
Sie sich heute für Beschwerden ausgedacht?«
Otto klagte: »Irgendwas am Körper muss nichts taugen,
lege ich mich abends ins Bett,
lösche das Licht, wird es mir
schwarz vor den Augen!«
Darauf der Doktor: »Dann lassen Sie das Licht
eben an, damit kommt heut schon der dritte!«
Der Nächste bitte!

Herr Keks tritt ein mit seinem Zucker,
oje, war das ein armer Schlucker.
Herr Doktor fragte: »Wo haben Sie
denn bloß ihren Zucker her?«
Die Antwort fiel Herrn Keks nicht schwer:
»Von Edeka aus des Marktes Mitte!«
Der Nächste bitte!

Der Blutdruck bei Herrn Schlauch ging hoch und runter,
er fühlte sich schlapp dann wieder munter,
doch dafür hatte Herr Doktor ein Meßgerät,
den Umgang mit diesem er bestens versteht.
Er pumpt und pumpt bis bald platzt die Manschette.
Der Nächste bitte!

Frau Mauke litt an Gliederreißen,
ihr Mund tat weh, sie konnt kaum beißen,
im Schädel drückt es dumpf und hohl,
Herr Doktor verschrieb ihr »Tasanol«,
Gottlob, an was sie sonst noch litte.
Der Nächste bitte!

Frau Klotz mir ihren Gallensteinen
fing vor Schmerzen an zu weinen.
Herr Doktor schaut, es ist ein Jammer,
zertrümmert die Steine mit einem Hammer,
dies ist bei ihm so Sitte.
Der Nächste bitte!

Herr Primel, schüchtern und gediegen,
beichtet Herrn Doktor ein diskretes Anliegen:
»Meine Frau geht mir mit dem Sex auf die Nerven,
können Sie die nicht etwas entschärfen?«
»Gern, ich überleg mir's genau,
ich besuche demnächst bestimmt Ihre Frau«,
das verspricht Herr Doktor, der nette.
Der Nächste bitte!

Torkelnd kam ein junger Mann,
betrunken in der Praxis an,
Herr Doktor fasste ins Kalkül
und fragte ihn: »Trinken Sie viel?«
»Trinken, nee –«, sagte er, »Ich schütte!«
Der Nächste bitte!

Alles freut sich, alles staunt,
weil Herr Doktor stets gut gelaunt.
Frau Bolle gab erst kürzlich preis,
dass sie Herrn Dr. zu schätzen weiß.
Von ihm schwärmt auch Frau Spät,
die sich ganz vor ihm entkleiden tät.
Der Gleiche meint Frau Plitte.
Der Nächste bitte!

DER SCHINKENSTUHL

Paula war sehr korpulent,
mit einem breiten Hintern,
sie wollte froh auf einem Stuhl
ganz lässig überwintern.

Ein Stuhl, der sehr bequem,
mit einer chicen Aura,
wo's Sitzen einfach angenehm,
das wäre was für Paula.

Nur ihr Gehör was nicht das beste,
sie hörte auch nicht richtig hin,
verstand von Sätzen nur noch Reste,
für ihr Gedächtnis kein Gewinn.

Der Freundin sagte sie sehr cool
und voller Überzeugung,
sie kauft sich einen Schinkenstuhl,
so von markanter Prägung.

»Ein Schinkenstuhl vom fetten Schwein?«,
fragt ihre Freundin ganz verstört,
»das kann doch gar nicht möglich sein,
du hast dich doch verhört!«

Einen Schinkelstuhl, den gibt es,
aber nicht für alle Tage,
hier liegt eine Verwechslung vor,
klärt ihre Freundin so die Frage.

Die Paula aber bleibt dabei,
lässt sich darob nicht linken,
sie kauft sich einen neuen Stuhl,
für sich und ihren »Schinken«.

DIE WESTE

Mensch, hast du 'ne Weste an,
wie hängt sie dir am Leibe,
hat weder Sitz noch einen Chic,
so – zeig dich keinem Weibe.

»Das Gute an dem ganzen Stück
ist allenfalls das Futter,
sowohl das Muster, wie der Schnitt,
ist schäbig«, sagt die Mutter.

Dem Schneider war es völlig schnurz
und scheinbar ganz egal,
dass diese Weste viel zu kurz,
die Weite dafür optimal.

Nimmst du als Träger sichtlich ab,
vielleicht so manches Pfündchen,
dann hängt die Weste vorne schlapp,
weil hinten fehlt das Bündchen.

Beugst du dich mal nach vorne über,
schaut viel Hemd dann hinten raus,
deshalb kam der »gute Schneider«
mit viel zu wenig Stoff hier aus.

Ein Problem sind noch die Falten,
diese ziehen kreuz und quer,
auf der Stirn von dem Betrachter
und auf der Weste noch viel mehr.

Nun stehst du da mit deiner Weste,
hilflos mit dem Kleidungsstück,
du überlegst, es wär das Beste,
bringst dem Schneider sie zurück.

DIE BÜRSTEN

Kauft ihr Leute, kauft sie ein,
denn alles will gebürstet sein,
ob die Jacke oder Hose,
ob die Zähne bis sie lose,
ob das Pferd und der Wauwau,
ja, sogar im Stall die Sau.

Die Handbürste, die kleine,
ist für Hände und für die Beine,
kurze Borsten hat sie zwar,
doch reinigt sie ganz wunderbar,
mit Seife und mit Wasser heiß,
bis das die Haut ganz super weiß.

Was im Kaufhaus jetzt der Knüller,
ist des Marktes Lückenfüller,
keine Sorge, keine Bange,
der Dreck liegt auf dem Schuh nicht lange.
Mit Creme und mit Muskelkraft,
die Schuhbürste es glänzend schafft.

Jeder gute »Lockenpriester«,
ja, das Bürsten, das genießt er,
mit der Haarbürste, er bürstet munter,
holt jedes Haar vom Kopf herunter,
ob bei Fritze oder Atze,
bis übrig bleibt die kahle Glatze.

Die Flaschenbürste rund und fein,
passt in jede Öffnung rein,
ist der Stiel auch leicht gekrümmt,
doch jede Frau sie gerne nimmt.
Mit Citrus-Frische dann verträglich,
benutzt »Tusnelda« sie dann täglich.

Die Zahnbürste sollt' man nutzen,
zum abendlichen Zähneputzen,
doch gibt's mal Krach in der Familie
und schlägt sie zu, so deine Cilie,
und fliegt's Gebiss in die Sauciere,
greift diese Bürste voll ins Leere.

Die Klobürste, die hat Niveau,
befindet sich nur auf dem Klo,
und ist der Wasserdruck mal schwach,
hilft man mit deren Borsten nach.
Es gibt den Kompromiss auf »Krücken«,
sie eignet sich wenn's juckt am Rücken.

Ja, ohne Bürsten liebe Leut,
geht's nicht in der heutgen Zeit.
Die Stilbürste, die hat Chic,
es ist das reinste Frauenglück.
Da braucht sie keinen Porno-Reißer,
Der Putzfrau wird's auch so schon heißer.

Für den Bürstenvertreter mit Gewinn
sind Geschäftsreisen eben mal drin.
Damit die Kundschaft weiß Bescheid,
steht an der Türe groß und breit:
»Immer zu Diensten, bitte nicht warten,
Wer bürsten will – meine Frau ist im Garten.«

Nun wertes Leserpotenzial,
ich sag es Ihnen zum letzten Mal,
den jungen Frau'n, den alten »Knochen«,
die Bürstenzeit scheint angebrochen.
Wer denkt da noch an hungern, dürsten
denn alle bürsten wie die »Fürsten«.

Ende und Neubeginn einer Gaststätte

Ein Haus mit alter Tradition,
mit guter Küche, gutem Ton,
mit einem Schlage alles aus,
das Mobiliar flog aus dem Haus,
die Türen weiter fest verrammelt,
der Rest seit Jahren so vergammelt.

Nur die Nachbarn vom Gelände,
rieben sich vergnügt die Hände,
keine Disco und kein Krach,
sie schliefen, keiner wurde wach.
Doch für jeden kommt die Zeit
und im Spätherbst war's soweit.

Nicht zu fassen, ist es ein Traum?
Wiedereröffnung – man glaubt es kaum.
Hektisch wird nun renoviert,
von Baufachleuten dirigiert,
nun wird gehämmert und geklotzt,
bis abends spät der Zeit getrotzt.

Und weil gesetzt ist der Termin,
da schaut ein jeder öfters hin,
zu dieser schaffensreichen Stätte,
die all zu gern man fertig hätte.
Doch wie man sieht, es ist geglückt,
fast alles neu, wohin man blickt.

Drum sitzen wir heut in alter Frische,
in des Dorfes Gasthof, hier am Tische
und feiern bis in die späte Nacht,
die Männer im Anzug, die Frauen in Tracht.
Ist die Stimmung im Saal noch wunderbar,
es soll auch so bleiben – alles klar.

Und gibt der Wirt darauf »Einen« aus,
wünschen wir ein stets volles Haus,
mit tollen Feiern, mit tollen Festen,
mit vielen interessanten Gästen,
mit gutem Umsatz und Gewinn,
dass Geld stets in der Kasse drin.

Trotzdem die Preise, mein' ich pingelig,
für die Gäste recht erschwinglich.
Das Team des Hauses – ach wie schön,
es könnte getrost in die Zukunft seh'n.
Der Dank gilt allen vom Chef bis zum Koch,
das Gasthaus des Dorfes, es lebe hoch!

Wir gehen erst morgen früh nach Haus

Ach wir wissen es zu schätzen,
ein Haus mit so viel schönen Plätzen,
für unsere Feier hier gefunden,
wo Trubel jetzt für viele Stunden.
So sagen wir danke und spenden Applaus,
wir gehen erst morgen früh nach Haus.

Wir fühlen uns wohl bei Schnaps und Bier
und die Stimmungskapelle, die spielt hier.
Was willst du noch mehr, kleine Maus,
wir gehen erst morgen früh nach Haus.

Und schleudern die Röcke die Gläser vom Tisch
und du isst trotzdem Kartoffeln mit Fisch
und fall'n dir die Gräten aus dem Mund heraus,
wir gehen erst morgen früh nach Haus.

Und geht dir aus das Geld an der Bar,
die Brieftasche noch niemals leerer war.
Borg dir einen Hunderter vom Nachbar Klaus,
wir gehen erst morgen früh nach Haus.

Und hast du schon Blasen an den Füßen
und deine Hühneraugen lassen schön grüßen,
tanze barfuß, zieh die Schuhe aus,
wir gehen erst morgen früh nach Haus.

Und hast du noch einen Schnaps zu steh'n
und kannst schon gar nicht mehr aufrecht geh'n,
ist egal, dann sauf ihn liegend aus,
wir gehen erst morgen früh nach Haus.

Und rennst zur Toilette, weil du so nötig musst,
doch die ist besetzt, du bekommst jetzt Frust,
dann geh in die Knie und halte aus,
wir gehen erst morgen früh nach Haus.

Und geht schon das Bier aus im Lokal,
es fluchen die Männer: »Verdammt noch mal!«
Bleib fröhlich, zieh die Stirn nicht kraus,
wir gehen erst morgen früh nach Haus.

Und ist dann die letzte Flasche entkorkt,
dann werden wir aus stillen Reserven versorgt,
feiern weiter in Saus und Braus,
wir gehen erst morgen früh nach Haus.

Und spielt die Kapelle verstimmt und verquer
und sieht der Sänger die Tanzpaare nicht mehr
und der Schlagzeuger renkt sich die Arme aus,
wir gehen erst morgen früh nach Haus.

Und hupt die Taxe schon vor der Tür,
du säuselst zur Frau: »Ich bleibe noch hier!«
Sie aber zieht den Schirm und holt schon aus,
dann ist's wohl früh. Wir gehen nach Haus.

INHALT